AF193255

SER LUGAR

ÆREA | *carménère*

Luis G. Adalid

Ser lugar

861   G. Adalid, Luis
F   Ser lugar / Luis G. Adalid -- Santiago-
        Barcelona : RIL editores-Ærea | Carménère,
        2024.

        82 pág. ; 23 cm.

        ISBN: 978-84-10248-24-3

        1 POESÍA ESPAÑOLA. 2 LITERATURA ESPAÑOLA.

Ærea | *carménère*

Serie dirigida por
Eleonora Finkelstein y Daniel Calabrese

SER LUGAR
Primera edición: septiembre de 2024

© Luis G. Adalid, 2024

© Ærea, 2024

Un sello de RIL® editores
SEDE SANTIAGO DE CHILE: Los Leones 2258 • CP 7511055 Providencia
☏ (56) 22 22 38 100 • ril@rileditores.com • www.rileditores.com

SEDE VALPARAÍSO: Cochrane 639, of. 92 • CP 2361801 Valparaíso
☏ (56) 32 274 6203 • valparaiso@rileditores.com

SEDE ESPAÑA: europa@rileditores.com

Composición y diseño: RIL® editores
Diseño de colección: Marcelo Uribe Lamour
Ilustración de portada: Luis G. Adalid

Impreso en España • *Printed in Spain*

ISBN: 978-84-10248-24-3
Depósito Legal: B 17083-2024

Luis G. Adalid: S/T
Acrílico, carboncillo y lápices sobre collage digital.

Tendemos a relacionarnos con nuestro entorno, clasificando, midiendo y, lo que es más significativo, otorgando nombres a los lugares, a lo que acontece, a las cosas.

Superponemos así palabras, nuestra condición y tiempo, a lo que vive callado y nos remite a lo eterno, porque no concebimos, desde esta condición, un silencio absoluto —siempre hay un murmullo de fondo, un rumor del universo, una vibración de la materia...— ni un tiempo cero.

I

POSIBILIDAD

TODO ES FÍSICA
hasta que alguien lo mira
hasta que alguien lo nombra.

La mujer encorvada
removió la tierra
para volver a observar
aquel mundo
recién encontrado.

Alineó tres piedras
y con ello marcó
una dirección y una cadencia
legislando los mundos
que entre ellas había.

Movió una rama y vibró
con su sombra arrojada
sobre la tierra polvorienta.

Recostada en el polvo
presintió el misterio
y trazó unos signos.

Entre la luz y los signos
transcurrían otras vidas
según la cadencia y dirección
de aquellas tres piedras alineadas.

EN EL PRINCIPIO FUE LA POSIBILIDAD
  y aún sigue siendo.

Y la posibilidad se hizo tiempo
  y el tiempo, acontecer,
desencadenando energía
  como algo que podía suceder.

Y de la energía posibilitada
  derivada en el tiempo
    surgió la materia.

Somos lo que ha podido ser
  de todos los infinitos posibles
y somos, a su vez, posibilidad replicante
  inscrita en nuestro ADN,

energía y materia ordenadas,
  residuo improbable,
    sustancia de mundo
      más allá de toda lógica.

¿SOBRE QUÉ ESCRIBEN LAS SOMBRAS?
  — las sombras
   escriben de sombras
   sobre la luz.

¿Sobre qué escribe la luz?
  — la luz
   escribe sobre la luz
   y sobre las sombras
   y sobre las noches.

¿Sobre qué escriben las noches?
  — las noches
   escriben vidas
   sobre la nada.

Si escribo nada

Si escribo piedra junto a una mancha
la mancha es piedra.

Si escribo ola sobre una línea
la línea es ola, movimiento, cadencia,
y en mi memoria, mar.

Si escribo mar todo se vuelve océano
y la palabra, lugar a salvo, refugio
firme ante las ausencias.

Si escribo ausencia
convoco tantas posibilidades...

Son las palabras,
         el poder de las palabras,
las que dan sentido
y construyen mundos.

En la palabra montaña caben
tantas montañas como veces
sea pronunciada.

En la palabra árbol
florecen, se duelen o mueren
tantos árboles como pueda sentirlos
quien la escribe.

Cabe tanto amor en una lágrima,
leí hace tiempo de un buen amigo.
       Por eso escribo tu nombre.

Y si escribo tu nombre
como posibilidad infinita
se cierra el círculo y convoco
       la nada.

Si escribo nada,
todo remite al origen,
al antes de antes,
pero bastaría un pensamiento,
       un signo
o un balbuceo para que todo
comenzara de nuevo.

Respetado ciudadano
        ¿de qué parte
        del Universo
        pretendes hoy
        ser el propietario?

SUFICIENTE

*Tutti i corpi insieme e ciascuno per sé empie al
circunstante aria d'infinite sua similitudine, le quali
son tutte per tutta e tutte ne la parte, portando con
loro la qualità del corpo, colore e figura della loro
cagione.*

*Todos los cuerpos juntos y cada uno por sí llenan el
aire de infinitas semejanzas suyas, las cuales están
todas en todo y todas en la parte, portando consigo
la cualidad del cuerpo, color y figura de su causa.*
LEONARDO DA VINCI, COD. A, F. 2V

Parece suficiente
este momento,
esta brisa, este olor,
esta luz y esta hora.

Parece suficiente
este silencio
entre el fragor de las olas
el arrastre de piedras
y el silbido del viento.

Tanto cielo,
tanto mar,
tanto tiempo
apenas registrado entre las rocas.

Parece necesaria
la gaviota
y el cabeceo lento de los barcos

y el vuelo de las algas
y la misma luz
      sobre el mismo mar
en el mismo espacio que presentía
      cuando aprendí a pescar
desde el muelle
      de los primeros atrevimientos.

El lugar bastante
de tiempo inabarcable
      la vida sin medida
bajo la luz perfecta.

      El lugar que me respira
      el paisaje que me mira
      la luz que me imagina.

La misma luz
que se derrama cada atardecer
por las laderas de esos montes delineados
a escuadra y se hace mar
como el mar se hace luz.

Como las olas fundidas en luz
reflejan la piedra y son piedra
por un instante antes
de volver a ser mar.

Como el mar
bajo el firmamento
se hace noche por toda la noche
antes de volver a ser agua.

Como el firmamento
empozado en mis ojos

se hace ola, agua
reflejada en mi noche.

Como mi noche
es tiempo detenido
        quietud, pura quietud,
entre el vaivén de la olas.

Parece suficiente
este estado indeterminado
aparentemente sin límites
        ni tiempo,
siendo sin más

        la misma noche
        sobre el mismo mar
        y su misma luz.

Este es el lugar

Este es el lugar
al que vuelvo una y otra vez
       en un sueño recurrente.

Este es el vórtice,
      el lugar primero
           —casa, lugar, habitación, morada...—

Esta es la roca plana
incrustada sobre una pendiente
      delineada a escuadra
que conserva huellas y surcos
      de lo que pudo ser
          o de lo que otros soñaron.

Este
es el mar luminoso —oscuro—
      metafísico y perfecto,
que tantas veces he buceado
      sumergiéndome
         bajo un horizonte desequilibrado
que puedo dibujar de memoria
      sin miedo a equivocarme.

      —agua entre agua
       con conciencia de viento—

Y aquella debe ser
      la constelación del nadador
que descubrí en un calendario de 2015.

Flotaba sobre un mar tranquilo, acerado,
       como este que ahora contemplo.

Esta es la brisa callada
que tantas veces ha secado mi cuerpo
y ahora me susurra
       que hay vida.

Hay vida
en mi sueño recurrente
y en el pequeño vórtice asociado
       a mi muerte.

Hay vida
bajo ese mar oscuro, casi negro,
       que tantas veces buceé
bajo la constelación del nadador
       de invierno

          —aire entre viento
          con conciencia de agua—.

Y hay también una muerte tranquila
en cada reflejo de mis pensamientos.

Este
es el silencio que no asusta,
el espacio sin medida,
la calma vigilante que me reconcilia
con lo que pude ser y con esta piedra
sobre la que sueño una y otra vez
solo, necesariamente solo,
contemplado por ese mar oscuro, casi negro,
       donde el tiempo se hizo carne
          para medrar entre nosotros.

No me recuerdo engendrado
        en matriz alguna.

Me siento aparecido,
aparecido aquí, sobre este mar
        luminoso y perfecto
y tomé conciencia de ello
        a través de la palabra

                —verbo entre aire
                con conciencia de viento—.

Aquella debe ser la higuera
        que sombreaba el estrecho paso
        al antiguo muelle
donde pescaba inquietudes
el filósofo improbable.

Y esta,
la sombra oscura que separa
        la luz, las preguntas,
de la vida doméstica,
el lugar a salvo, sin belleza ni medida,
        donde a veces llueve.

Este es el lugar
al que vuelvo una y otra vez
    en un sueño recurrente.

Y esa,
la roca plana
sobre la que sueño solo,
        necesariamente solo,

que conserva huellas y surcos
de lo que pude ser
o de lo que otros me soñaron.

ESCENA

Bajo la constelación del nadador
       entre aguas mecidas
            por un azul mentiroso
     mira la joven blanca
          de sonrisa amable y ojos muertos.

Abraza un niño inocentemente vivo
       entre hombres difusos
           que nadan sobre relumbres
     ajenos a lo que acontece
          entre mi mirada y sus ojos.

Las tres gracias
       orondas y cortesanas
recuestan sus cuerpos
       en el borde de lo indefinido
mientras un hombre no dibujado sostiene
       una corona de plástico
          sobre sus cabezas.

Una luna
     azul menguante
se refleja entre las ramas de un árbol
       sorprendentemente inofensivo
del que cuelga un velo negro
     ribeteado en oro
que oculta nuestras miserias cotidianas
       de esta escena soñada
          por un fracasado pintor venido a poeta.

Brillan nítidos
    el nadador y su constelación
mientras las aguas se agitan
    azulmente mentirosas
ante la mirada del niño
    inocentemente vivo
y la sonrisa de la hermosa joven
    irremisiblemente premuerta.

Posibilidad

Te ofreces
en el centro del jardín
        insomne
al acecho de un fugaz encuentro
que te absuelva
        de tu realidad antigua.

Tu sombra
eclipsa todo horizonte
orillando el resplandor
de lo increíble que en torno a ti
se muestra
        como una promesa de mundo.

Has conjurado
el peso de los tiempos
y flotas leve e informe
como el polvo que flota
sobre la espuma voraz
        de los azules.

Y aun sin forma,
y aun sin rostro,
te reconozco
por una única mácula
que concentra a destiempo
        una posibilidad ilimitada.

Distancia

Parecía bastante
aquella escasa distancia
y la leve vibración de la materia
entre unos cuerpos tan próximos.

Surgió así
un exiguo lugar a salvo
        una burbuja efímera
de común *sentir originario*.

Inscritos en su pequeño aleph
sintieron por un momento
que la vida se estancaba
        y se dejaba mirar
        y se dejaba medir
y en ella estaban escritos
todos sus actos posibles
y todos sus tiempos
        pasados, presentes y futuros.

Parecía necesario
aquel detenimiento
        en pura transparencia,
pero alguien pronunció sus nombres
        y el tiempo volvió a transcurrir
        y la vida se arremolinó de nuevo
y todo volvió a ser pequeño,
        pequeño, doméstico,
desesperadamente cotidiano.

Nunca se volvieron a encontrar,
vivieron presintiéndose
creyendo que la distancia
les colmaría de belleza.

Sólo quedó
            en el lugar
aquella leve vibración
            como residuo hermoso de lo improbable
acechando que otros cuerpos se posaran
            a una distancia suficiente.

Posibilidad II

Has encontrado
lo que siempre estuvo
en tu memoria.

Has mirado dentro
buscando un reflejo
que explique este momento.

Nos leemos y nos miramos
cuando leemos y miramos el mundo
esperando la conjugación
de lo inesperado.

Como espera la rosa
en su posibilidad
para abrirse a tus ojos.

Insomnio

Apareces lentamente
entre las sombras de las noches
      de insomnio
con una sonrisa conciliadora
y cuidadosos gestos
       que ordenan la penumbra.

Te acuestas a mi lado
y posas tu mano
      sobre mi costado
mientras respiras con dificultad
acompasando un tiempo inabarcable.

Amiga de la intemperie
aceptas estos oníricos encuentros
      fuera de mundo
como un rito que busca sosegar
nuestra ansia de infinito.

Y así,
unidos en la quietud
      soñando cada uno su danza imposible
dejamos pasar las noches
      fundidos en la belleza
hasta que una furtiva lágrima
convoca la aurora.

Azul

Imposible apartar
la memoria del agua
o creer de nuevo
       entre los cautos.

Imposible, ahora,
el sentido y el arrullo del viento
o la sombra mansa
       que declina la aurora.

Imposible no saber
de miradas que tamizan
       de rutinas y grises
la excelsa impropiedad de este paisaje
       en el que busco tu sombra.

Busco tu sombra
en el temblor de los charcos
       bajo las piedras
sobre las puntas del hinojo seco
       donde anida los sueños
       el pensador errante.

Y desde esta intemperie
siento hoy el viento del sur y el azul
       —y el azul—
como mis únicas certezas.

INTEMPERIE

Tal vez debimos quedarnos al amparo de la manada, pero tras la lluvia, nos atrajo el olor de la tierra y decidimos salir a la intemperie. Y en la intemperie no encontramos *sombra bastante*, ni memoria bastante, ni medida de tiempo.

La maleza, los rastrojos, sólo recuerdan sus principios. Hace mucho aceptaron el sentido cíclico de la existencia y su desmemoria apenas alcanza unas pocas estaciones.

No habrá, por tanto, cúmulo, agujero o despojo que nos recuerde. No quedará huella de nuestro paso.

Tal vez debimos permanecer en el jardín, en aquella naturaleza domesticada donde los jardineros, debidamente acreditados, cantaban una belleza consensuada, estrictamente limitada por las formas. Pero decidimos vagar, dejarnos ir, compartir el sueño de las piedras y aceptar con los rastrojos gozos y penurias con la indiferencia de lo acostumbrado a morir y renacer una y otra vez.

Tal vez, debimos detenernos junto a aquellas tres piedras donde se preservaba la memoria del agua y el descanso del polvo encontraba cobijo entre sus sombras. Pero seguimos nuestra errancia sin rumbo, sin destino, libres del peso de las formas, de sus dioses y religiones, encarando una nada que, al menos, promete fundirnos con el polvo.

II
RITOS

RITOS

Nuestros ritos
    siempre serán imperfectos
nuestras religiones
    cambiantes.

Sustituiremos unos dioses por otros
    más prácticos
a nuestra imagen y semejanza.

Tiene que ser así

Tiene que ser así,
las figuras recortadas
sobre la punta de la ladera
delineada a escuadra,

el muelle abandonado del suicida triste
frente a la cueva de las desolaciones,

la vida que se balancea impenitente,
las ausencias abiertas,
las olas lamiendo la herida.

Tiene que ser así,
los pescadores voceando su entretenimiento,
los niños desfogándose en la arena,
la madre que corre y les grita
recolocando uno a uno
sus pechos,

el coche que no arranca
la música que no calla,
el fútbol, la política,
los plásticos acumulados por el viento,
la gaviota sobrevolándonos,
la imposibilidad del silencio.

Tiene que ser así,
la imposibilidad de un silencio
        tan sólo escrito,
demasiado filosófico, casi matemático,

ficción improbable al borde
de la inexistencia.

Y este lugar
y su latido de vida
sobre el rumor de fondo
del universo,
el roce de los colores,
la vibración de la materia
y el principio de gravedad que nos arroja
a unos cuerpos contra otros.

Tenía que ser así,
la gaviota posada sobre el cabestrante
del suicida triste,
los niños gritando en la arena,
las ausencias sobrevolándonos
y la certeza de todos sus silencios.

CARTOGRAFÍA

De aquellos mapas
que delineábamos
a golpes de vida, apenas
quedan unas leves líneas
sobre fondos neblinosos
entre los que a veces asoma
alguna forma reconocible.

Entonces,
una piedra, una pequeña marcación,
      era suficiente
para reconocernos, para orientarnos.
Un árbol, todos los árboles,
      eran casa
y un cañaveral, todos los cañaverales,
universos paralelos.

Es difícil seguir de nuevo
aquellos caminos tan claros.
Son ahora poco más que manchas
difusas sobre fondos salpicados
por las vicisitudes de la vida,
después fijadas por el tiempo.

El destino,
      ese lugar que creíamos a salvo,
es finalmente el propio mapa,
una superficie ahora arrugada,
una materia indefinida, un magma

con ligeras eflorescencencias
que confunden lo que ha sido
con lo que pudo suceder.

Todo parece tan acídicamente blanco...
tan acídicamente nebuloso, lechal,
ni siquiera blanco, nada-no blanca.
            Nada.
Todo ha sido tan poco...

Y entre esa nada sigo buscando
en un esfuerzo terminal
aquella posibilidad primera,
            aquel punto
que trazara surcos rectilíneos
con velocidad constante, según
una geometría errática e imprecisa.

Aquel mínimo
al borde de la inexistencia,
partícula, cuanto, mota estelar,
desde la que pueda volver a ser.

Aunque sea materia oscura
fluctuación o polvo de estrellas,
o piedra, o liquen, o tal vez
vibración, sólo luz,
            materia-luz,
de la que parece estar hecha mi mirada.

      Ser mirada,
sólo mirada y volver a estar ahí
entre el contemplador y lo contemplado.
            Ser.

Pero
¿dónde quedará registrado todo?
dónde lo mirado, dónde lo vivido,
lo soñado, lo querido,
lo olvidado...

Por eso hicimos mapas,
por eso anotamos cada hecho
que creímos relevante, cada deseo,
cada pensamiento, junto al lugar,
junto a su lugar.

Y ahora, esos mapas cuelgan
como un odre viejo
o como ropa de abrigo
en los despachos de los mercaderes.

El territorio que creíamos a salvo,
el mapa emocional,
la memoria fragmentada
tras tantos años de grisura,
cuelgan inertes en estancias sobreiluminadas
ciegas de modernidad, ciegas de mundo.

Solo son —solo he sido— un decorado más,
un adorno prescindible
en el pequeño teatro de lo cotidiano.

Acumulé dibujos y escritos —mapas—
para intentar explicar y explicarme
        este desierto,
y desde el desierto me gritaron:
        los límites de tu mundo son
        nuestras decoraciones, nuestras modas,

nuestras tendencias,
nuestro consenso infinito, o como mucho
las paredes de nuestros museos de provincias,
y eso sólo si te portas bien.

Ahora se llevan más
los colores de la publicidad
    —me dijeron—
el pulido aséptico, la transparencia fingida:
       ¿No te das cuenta?
       los niños piden juguetes de plástico,
       las madres ansían un cuerpo de plástico,
       los hombres, penes tersos, pulidos,
       como la carrocería de sus coches de plástico,
       anunciados entre sonrisas de plástico
       pagadas con dinero de plástico.

Tu límite es nuestro consenso,
dijeron opinadores y filósofos
con pensamientos de plástico,
    y aquí
no hay lugar para tus piedras.

Plásticos

Sobre la tierra, plásticos
entre las aguas, plásticos

bajo la nube
sobre los árboles
entre el rastrojo
entre tus ojos
bajo tu pelo
entre las flores,
      plástico.

Sobre la luna pusieron banderas de plástico
y lo anunciaron entre sonrisas de plástico
pagadas con anuncios que inducían
      deseos de plástico
empaquetados con envoltorios
      de plástico.

Sobre tu frente
      una tristeza de plástico
entre tus ojos, sobre tus hombros,
bajo tus pechos, entre tus piernas,
caricias recurrentes
      de plástico

y pequeñas muertes de plástico
para ataúdes y responsos
      de plástico.

A MODO DE INVENTARIO

Sobre la mesa hay
        un plato blanco,
        la falda de una magdalena
        y una pequeña cuchara
        que proyecta una sombra
             de bordes demasiado redondeados.

A su lado se ilumina
        una servilleta de papel
            cuidadosamente doblada,
        que arroja una sombra obligada
            más oscura e inquietante.

El azucarero blanco
        agente de un extraño sortilegio
            destinado a enriquecer nuestras vidas,
se recorta
        a modo de brillante búnker de diseño
            en el veteado que simula cierta madera.

        —Iovis omnia plena—

Más allá, un sobre,
        "Luis y Julia"
        y unas gafas negras,
        una caja de cigarrillos —no de marca—
        y un cesto con medicinas de estridentes colores.

Afuera está lloviendo,
        mi perro ayer cazó una rata,

y hoy no sé si Dios existe.

Junto a la ventana redonda
      hay también un cenicero verde
         con una colilla apagada,
   un cuenco con mandarinas
   y un teléfono abandonado sin fe,
      definitivamente.

        —Iovis omnia plena—

A mi lado,
      un vaso vacío de café,
      un "cultural" para bobos
         tristemente *austrohúngaro*
   y un brick con la silueta de una escasa mujer
      en dificilísimo equilibrio.

Bendita falda de Marilyn.
   —misterios gozosos—.

Mañana será domingo
   y posiblemente Dios vuelva a existir.
Esperaremos a que amanezca.

        —Iovis omnia plena—.

ESTADÍSTICA

Doce declaraciones trimestrales,
cuatro declaraciones anuales,
otra cada mes
para el Instituto Nacional de Estadística,
seis currículums presentados,
siete proyectos para otras tantas subvenciones
que me ayuden a resolver el año.

Cinco informes laborales,
cinco certificados de estar al día
en los pagos a la Seguridad Social,
cuatro declaraciones juradas
y ni una sola declaración de afecto
en esta oficina de la nada
en la que nos van recluyendo
           la vida.

Trece respuestas hastiadas
a operadoras telefónicas,
un contencioso ante Industria,
varias amenazas de multa si no informo
como un buen contribuyente,
catorce visitas al médico
y otras tantas tomas de tensión.

Trescientos sesenta y cinco miedos
voceados, uno a uno,
a los cuatro tiempos
y una vez, sólo una vez,
nos atrevimos a decir que
probablemente nos queríamos.

Se lo dije, me lo dijo, mi hermano
en el hospital,
a un paso de dejarnos inmersos
en esta lógica brutal e implacable
que se nos escapa.

Trescientos sesenta y cinco noticiarios
asqueándonos cada día del año
con sus trescientas sesenta y cinco tertulias
y sus trescientas sesenta y cinco sonrisas
tan antiguas como la muerte
llenándonos la vida de miserias
como una rutina más, aceptada
en nombre del progreso.

Y ahora, me dicen
que tengo derecho a cuatro días de baja
por el fallecimiento de un familiar cercano.

PIEDRAS

Las piedras del descampado
estiran su sombra buscando
    su canto
entre las sobras del tiempo.

Y tiempo era precisamente
    la palabra fetiche
lo ajeno donde todo se disolvía.

Agua lo fue antes de volverse
    lágrimas
pero su sal cuarteó nuestras lenguas
y se deshicieron las promesas.

Mantened la calma
    —nos insisten ahora—
Mostrad vuestro equilibrio
    —nos susurran con músicas tramposas—

La deslealtad es la nueva ley
y el miedo a vivir
    y a morir
la vigilancia: aquello
de lo que mi padre
nunca hablaba.

TE SUMERGISTE
     canalla
entre nosotros
buscando presas
     fáciles y confiadas.

Y te llevaste
     vengativa
aquellos que
te daban la espalda y
     miraban la vida.

Demasiado pronto

Pronto
      demasiado pronto
supimos
que el juego se acababa,
que la vida,
      tan pronto,
se volvería fría, anodina, gris.

Tarde
      demasiado tarde
sentimos
que los antiguos dioses
decidieron habitar
al otro lado del universo
      y una certeza brutal
            acorraló nuestras sinrazones.

Cerca
vimos pasar
la nave de los locos
      babeando cotidianidad
      y exhalando ruidosos bostezos
            de resignación dominguera.

Lejos
se fueron los héroes,
      los que mueren jóvenes,
      demasiado jóvenes,
            y nos ensanchaban la vida.

Lenta
transcurre ahora
esta espera sin objeto
      entre rutinas blandas
         y mezquindades
     que hilan la mortaja
        de lo que queda de una vida gris,
   demasiado gris,
      perdida entre los grises.

Rendidos a la dulce inercia
se abre la dolorosa herida
y asoma el parásito
que se burla una y otra vez
de nuestra triste condición.

Los héroes son malos compañeros
en el campo de batalla
nos dicen quienes apenas
han combatido.

Y mis batallas
se esconden entre los árboles
y sus largas sombras
solo encuentran el mar
como refugio.

Qué significan el arte y la razón
cuando la vida ha pasado.

Tal vez debí aprender
a dejarlo antes,
no oponer resistencia,
dejar de soñar, hundirme
lentamente.

Sus mismas cifras
no evitaron las pérdidas
y el recuerdo del agua
es el resto que le queda.

Tantas órdenes y clasificaciones
tantos abusos y comparaciones
tanto ruido que no cesa
y la respuesta siempre hostil
de lo consensuado y lo correcto
secaron el alma de este ecce homo
definitivamente enloquecido.

Su lengua aprendió a callar
            entre las piedras
y ahora su dura consistencia
le imposibilita pronunciar
            las únicas palabras
que esperan los malditos.

            Yo también soñé
que la muerte era
            la sombra de un dedo
            señalándome.

VUELVE LA VIDA
al sótano del frío.

Mis museos
revisan su historia
de ejecución de lo bello.

Y yo sigo viviendo
el sueño impostado
de aquellos rebeldes
      postsoviéticos.

¿POR QUÉ NEGAMOS LOS DÍAS?

Tras el regreso
volvió a ocultarse la vida justo después
    del canto de los pájaros.

Mis cuitas más valiosas siembran
los grises que sellan la puerta
    de mi casa.

Y los nuevos compromisos
las viejas maniobras
el último escándalo
    prohiben al pájaro el paso
    niegan la lluvia a la rosa
    y la libélula al agua.

Este mundo no existiría si no hubiera
    nadie para mirarlo

Entonces
    ¿Por qué negamos los días?
¿Por qué nos queremos ciegos y hablamos
solo de números cuando todo esto
apenas nos hizo matemáticos?

La nostalgia de lo mensurable es
un bálsamo tramposo para futuros
que no deberían doler tanto.

Ni el mar es la playa
ni el viento una cortina
          agitándose
ni el azul un ventanal
ni la luz una mirada.

PODRÍA SER
una trabajadora del campo
o algún artista medio
escapando de su territorio de confort.

Podría ser
un perro grande
o el *Ángelus* de Millet
o un magrebí orando.

Pero por su forma de reverberar
nunca un poeta.

Demasiado sol
demasiada luz.

Siempre vivimos en equilibrio inestable, con la amenaza latente de un infortunio, de un giro inesperado, por insignificante que fuera, que nos abocara a habitar al otro lado de la línea.

Comíamos algas y dibujábamos gentes, cuerpos, luchando por sobrevivir, también amándose, y en ello poníamos todo nuestro empeño.

Después, el truco antiguo omitió aquello que nos llenaba la vida y ahora es la hora del juicio y olvidar después será demasiado tarde.

Tal vez debimos quedarnos al amparo de la manada, pero tras la lluvia nos atrajo el olor de la tierra y decidimos salir a la intemperie.

III

LOS AFECTOS

No negaré la noche
     ni la evidencia
me concedo
     al menos
el consuelo
     de los derrotados:
la belleza
     de la imposibilidad.

NECESITÁBAMOS
　　　un faro que llevarnos al alma
y ahora esperamos en la cola del miedo
　　　una mirada
que nos devuelva el deseo de luz
　　　la transparencia.

LOS AFECTOS

Apenas un trozo de alga,
una piedra, una botella, una colilla,
son suficientes para que el agua
redibuje una y otra vez la orilla
recordando a la arena
que su quietud es pura ilusión,
que nada permanece para siempre.

Los que hace un instante
                estaban ahí
han sido arrastrados hasta el océano.

También la piedra ha acabado enterrada
en su búsqueda de inmovilidad
y el alga, tan pertinaz ante el agua,
ha volado leve entusiasmada con el viento.

Todo acaba siendo viento, tierra, mar,
el vuelo de las algas, las pérdidas,
las incertidumbres, los deseos,
los pensamientos paisajeros...

Y solo quedan los afectos
latentes en algún lugar
y de vez en cuando asoman prendidos
en el guijarro y su sombra,

en la letanía del mar,
en un cruce de miradas
o en el polvo aquietado
donde intento dibujarme.

Deseo

Podría haber sido
una estrella fugaz
un satélite fuera de órbita
o simple chatarra espacial.

En cuanto lo he visto
he pedido un deseo.

En el descampado

Vive de espaldas al mundo
junto a un descampado que se extiende
      innoble
hacia los límites de su propia locura
a salvo de miradas reprobatorias
o del desprecio bastante
      de los que se saben propietarios.

Desvía la mirada
      ante cualquier encuentro
y sólo parece encontrar seguridad
en los bordillos de las aceras
o entre los matorrales cubiertos de polvo
      que crecen pertinaces
junto a la carretera de la vida corriente.

Cada mañana
cruzamos nuestros caminos
ella va a por su agua
      arrastrando un carro de supermercado
         dos veces su tamaño
yo voy con mis inquietudes
      arrastrando pérdidas
         entre blandos paseos rutinarios.

Pobre solemne
      "desecho social"
tan difícilmente libre en su desgracia
recorre el descampado buscando
      entre los matorrales o en los contenedores

cualquier cosa que echarse al estómago
y si hay suerte y por fin llueve
recoge caracoles y brotes tiernos de hinojo
        con los que refresca su desdentada boca
        de la que nunca salió una queja.

Siempre a la debida distancia
a esa distancia consensuada
        a la que las cosas y las gentes no huelen
rumia sus cuitas
la que pudo ser princesa
        de un cuento de bar de carretera
o la malvada bruja de *Blancamiedos*
condenada a arrastrar de por vida
        un carrito de supermercado.

No creo que recuerde
la última vez que la miraron con afecto.

Después de tantos encuentros
        en demasiados años
ayer, por fin, la vi sonreír.

Llevaba atados con cordoneras
dos pequeños perros callejeros
        algo más limpios que ella
y mientras compartían alguno
de sus hallazgos, le oí decir,
        por vez primera,
unas palabras:
        ¡qué bonicos!

BENDITOS

Bendito sea
el que plantó el galán de noche
en el jardín público
       frente a su casa.

El que apagó sus luces
para que pudiéramos ver
       las estrellas
el que bajó su voz
para escuchar el murmullo
que guarda la vida.

El que cultivó un jardín
donde solo había escombros.

Benditas sean
       las manos que consuelan
sin esperar nada a cambio
las capaces de encontrar
       entre basuras
lo que tanto nos faltaba.

Benditas
       las hierbas altas
que ocultan las basuras
y los árboles que ansían el roce
con los muros de la casa
       donde mi hermano
me enseñó a dibujar.

Bendito sea mi hermano
que me enseñó a dibujar
Desde entonces bendigo
         la belleza de lo posible
la que habita en las distancias
y la de los que no emiten queja alguna.

Benditos sean
los que no emiten queja alguna
y sonríen al paso
los que saludan a los solitarios
cuando se cruzan
         en los descampados.

Y bendito sea este descampado
desde el que tantas veces he soñado
otra suerte en noches de plomo
y benditas las puntas de su hinojo seco

donde brotan estrellas que anidan
los sueños del pensador errante.

Benditos sean
los sueños del pensador errante
y mi suerte y el pan de cada día
y la lluvia abundante
         y los charcos
porque en ellos se conjugan todos
         mis universos

Benditos sean todos mis universos
y la mirada nómada que los dibuja
y la de la mujer extranjera
         que nos hizo reír
tras la tapia del cementerio

Malditos sean
los que acumulan basura
los diletantes que te intoxican la vida
con consignas y preceptos

y no saben mirar, no pueden amar
        ni apenas sentir
sin obviar su mutua vigilancia.

Malditos los que vigilan los sueños
y hacen caja con el deseo ajeno.
Los predicadores que gestionan
        en beneficio propio
una amenaza interminable.

Los que me miden y me comparan
los que se revuelcan en ambigüedades
e invocan a Dios
        entre los muertos
porque quieren hacer de mi descampado
libre, abierto, infinito,
        otro valle de lágrimas.

Bendito sea
el que plantó el galán de noche
en el jardín público
        frente a su casa.

El que apagó sus luces
para que pudiéramos ver
        las estrellas
el que bajó su voz
para escuchar el murmullo
que guarda la vida.

El que cultivó un jardín
donde solo había escombros.

Las hierbas ahora
se inclinan a su paso buscando
    el roce de sus manos.

ESE EXTRAÑO AZUL

Suele ser una noche templada,
suele oler a hinojo, a cañas, a higuera
y alguna luna oculta
baña de un extraño azul
el arcén de la carretera.

Suele aparecer un autobús
entre las sombras
de un pequeño puente que soporta
una autopista de destino incierto.

Suele pasar despacio
levemente iluminado,
parece que llevara una eternidad
haciendo el mismo recorrido,
no tiene prisa.

Pegado a una ventanilla
sonríe mi último amigo
            muerto
con una mirada amable,
            tranquila.

Suele ser él
entre gente que no reconozco,
aunque a veces
es mi hermano quien pasa
con alguna otra cara conocida.

Lentamente
sube el autobús a la autopista
y se aleja.
No suelo sentir frío ni calor,
ni ansiedad, ni urgencia
en esa oscuridad acogedora.
Todo permanece tranquilo.

Sé que volverá a pasar,
como lleva haciéndolo
       desde hace años
y alguna vez parará,
me recogerá en su cálida luz
y nos alejaremos por la autopista
dejando el lugar bañado
       del azul imposible
de aquella luna inexistente.

Blanco necesario

Cansado de sí mismo
tras sobrevivir a innumerables naufragios
el buceador reescribía su historia
bajo la amenaza latente
de la intromisión y el hastío.

Varias vidas buceó
con sus incertidumbres a cuestas
hasta encontrar el calor suficiente
    —y el blanco necesario—
para escribir sin perdonar
ni tener que ser perdonado.

Sé ABRIR LA JAULA
sé mecerme
      en el agua
dejarme llevar
      por las nubes
atardecerme anochecerme
      ser noche
por toda la noche y amanecerme
      y llenarme de luz.

Respetado creyente
  ¿de qué parte
    de la Creación
  crees hoy
    ser el propietario?

ÍNDICE

Este libro se terminó de imprimir
en septiembre de 2024

RIL® editores • España

europa@rileditores.com

Se utilizó tecnología de última generación que reduce
el impacto medioambiental, pues ocupa estrictamente el
papel necesario para su producción, y se aplicaron altos
estándares para la gestión y reciclaje de desechos en
toda la cadena de producción.